ALESSANDRA GRASSI

DIVENTARE MEDIATORE CIVILE

Come Diventare un Professionista nella Risoluzione dei Conflitti in Poche e Semplici Mosse

Titolo

"DIVENTARE MEDIATORE CIVILE"

Autore

Alessandra Grassi

Editore

Bruno Editore

Sitointernet

http://www.brunoeditore.it

Sommario

Introduzione

Ogni giorno ci imbattiamo in opinioni, desideri e interessi diversi e contrastanti da cui spesso scaturiscono conflitti con chi o tra chi ci sta intorno. Tra colleghi, amici, compagni di scuola o fidanzati il conflitto è inevitabile. Negare il conflitto sarebbe come negare la realtà.

Eppure dietro un conflitto si nasconde un'opportunità, un punto di partenza di crescita personale e sociale. Nell'ideogramma cinese,

conflitto ha un doppio significato: di opportunità e di pericolo. **Il conflitto non è di per sé positivo o negativo, ma è la modalità di gestione del conflitto a essere positiva o negativa**. E allora, come gestire positivamente un conflitto? La **mediazione** viene presentata come un'opportunità per gestire e risolvere un conflitto, un metodo alternativo di risoluzione delle controversie. Certamente la mediazione non è un fenomeno di passaggio, né una moda del momento, ma è una rivoluzione culturale che ci porterà ad affrontare i conflitti in modo nuovo. Al centro della mediazione una **nuova figura professionale**: il mediatore.

- Chi è il mediatore?
- Chi può diventare mediatore?
- Che cosa fa il mediatore?

Il mediatore è un professionista della risoluzione dei conflitti. Il mediatore è un professionista e diventare mediatori significa acquisire una specifica professionalità. Mediatori non si nasce, ma si diventa. Mediatori non si diventa per caso né per semplice passione. La preparazione del mediatore non è cosa da poco e si affina strada facendo. La lettura di questo ebooket ti svelerà i segreti per diventare mediatore: dalla scelta di intraprendere questa nuovissima professione alla costruzione del tuo brand da mediatore!

CAPITOLO 1:
Come capire se è il lavoro che fa per te

Quando da bambino ti chiedevano: «Che cosa vuoi fare da grande?», sono certa che rispondevi con entusiasmo: «Il meccanico… la ballerina… il dottore… la maestra, l'avvocato ecc.» senza sapere bene di cosa stavi parlando. Quando da adolescente ti chiedevano: «Che cosa vuoi fare da grande?», rispondevi: «Di certo non farò l'ingegnere, ho 4 in matematica!» perché avevi un'idea di cosa ti piaceva e di cosa ti riusciva bene.

Quando hai iniziato l'università, il tuo percorso professionale ti è sembrato ormai tracciato. Seguendo i corsi, partecipando a una conferenza, leggendo un libro, chiacchierando con un professore, preparando una tesina, facendo uno stage, ti sei poi reso conto che quello che avevi immaginato come "il tuo lavoro" non corrispondeva proprio alla realtà e che la tua laurea, sebbene settoriale, ti consentiva di aprire infinite porte verso professioni che poco prima non avresti nemmeno preso in considerazione.

Pensa che la figura professionale del mediatore civile nemmeno esisteva quando io ho frequentato l'università! Queste considerazioni iniziali mi servono per svelarti il primo segreto.

SEGRETO n. 1: non importa quello che pensavi avresti fatto fino a poco fa. La vita è piena di possibilità nuove e devi essere capace di coglierle al volo! Diventare mediatore è un'occasione di crescita professionale e soprattutto personale.

Se, giunto alla fine di questo primo capitolo, ti avrò aiutato a capire se la professione di mediatore ti interessa o se al contrario avrai intuito che non fa per te, avrò raggiunto il mio obiettivo. Analizziamo prima quali interessi, abilità, esperienze possono dirti se questo lavoro fa per te e poi passiamo a verificare i requisiti oggettivi. Non pretendo di avere tutte le risposte, ma ecco dei suggerimenti concreti, pratici.

Partiamo dal capire insieme **che cosa fa il mediatore**.
Il mediatore viene definito dalla legge (l. 28/2010, art. 1) «La persona o le persone fisiche che, individualmente o collegialmente, svolgono la mediazione rimanendo prive, in ogni

caso, del potere di rendere giudizi o decisioni vincolanti per i destinatari del servizio medesimo».

SEGRETO n. 2: il mediatore non fa il giudice, non decide chi ha torto o chi ha ragione. Il mediatore è un terzo imparziale.

Cosa fa il mediatore? Un aiuto ci viene offerto ancora dalla normativa che definisce la mediazione, in generale, «L'attività, comunque denominata, svolta da un terzo imparziale e finalizzata ad assistere due o più soggetti sia nella ricerca di un accordo amichevole per la composizione di una controversia, sia nella formulazione di una proposta per la risoluzione della stessa».

In definitiva il mediatore è una figura altamente specializzata, imparziale e neutrale, in grado di gestire efficacemente il contenzioso attraverso le più moderne tecniche di negoziazione e di facilitare l'accordo tra le parti orientandole verso la soluzione ottimale.

Ti rispecchi in un lavoro del genere?

Il mediatore è un supporto alle parti, un supporto discreto. **Posso**

dire che in mediazione le parti non fanno un braccio di ferro, ma diventano soci in affari. Il mediatore può aiutare le parti a passare da una posizione di antagonismo a una di cooperazione. Per fare questo deve essere disponibile, paziente, discreto.

Non solo, il mediatore deve essere realista, ottimista, flessibile, senza pregiudizi. Deve saper individuare i veri bisogni delle parti ed essere in grado di concentrare l'attenzione sugli interessi piuttosto che sulle posizioni o sui diritti. Il mediatore assicura che la mediazione si svolgerà in modo sereno, con toni pacati e nel rispetto di tutte le parti.

Il mediatore:

- è **imparziale** e **neutrale** riguardo alle parti in conflitto, non ha un interesse nella lite, non decide chi ha ragione e chi torto, non stabilisce chi è colpevole e chi invece non lo è, non va alla ricerca di prove;
- veglia affinché ogni parte a turno abbia la possibilità di esporre il conflitto dal proprio punto di vista, compresi i dettagli ritenuti importanti, e gli concede il tempo necessario per farlo;
- ascolta ogni parte a turno in modo attivo, ponendo domande

mirate e rielaborando quanto sentito;

- cerca di capire le motivazioni di ogni parte;
- assiste le parti nella ricerca della soluzione applicando tecniche specifiche, che favoriscono la generazione di opzioni creative;
- è tenuto al segreto professionale e non testimonia in udienza nel successivo, eventuale e non auspicato giudizio.

Un cenno merita l'importanza della confidenzialità in mediazione. Il mediatore deve essere riservato. Ciò significa che alla sera, quando torna a casa, non può raccontare quello che è successo in mediazione. La riservatezza non è solo una caratteristica che viene richiesta ma è un obbligo di legge.

Ecco **qualche suggerimento in più** per capire se questo lavoro ti interessa e per acquisire più informazioni possibili:

- prova a identificare i tipi di mediazione che ti interessano:
    - familiare;
    - culturale;
    - linguistica;
    - civile;
    - business;

    - contratti;
    - internazionale;
- leggi più che puoi su internet, dove l'informazione è gratuita e immediatamente disponibile!
- trova mediatori che stanno già facendo il tipo di mediazione che ti interessa e fai colazione con loro!
- cerca di acquisire più informazioni che puoi: vai a corsi, conferenze, workshop che riguardano la mediazione.

Il particolare background e la propensione o l'esperienza del mediatore non sono indicatori definitivi se quello sarà un mediatore di successo. Tuttavia, non ti dico una cosa nuova se affermo che intraprendere una strada con le idee chiare è meglio che entrare in una stanza al buio!

Vediamo ora quali sono i requisiti oggettivi.

Non puoi fare il ragioniere se non hai fatto ragioneria. Non puoi fare l'avvocato se non hai fatto giurisprudenza, poi la pratica forense e poi l'esame di abilitazione. Anche per fare il mediatore è indispensabile avere determinati requisiti. Vediamo quali sono i **requisiti** che la legge ti richiede per diventare mediatore civile. I mediatori devono possedere (d.m. 180/2010, art. 4, comma 3):

1) un **titolo di studio non inferiore al diploma di laurea universitaria triennale** ovvero, in alternativa, devono essere **iscritti a un ordine o collegio professionale**;
2) una **specifica formazione** e uno **specifico aggiornamento** almeno **biennale**, acquisiti presso gli enti di formazione in base all'articolo 18, nonché la partecipazione, da parte dei mediatori, nel biennio di aggiornamento e in forma di tirocinio assistito, ad almeno venti casi di mediazione svolti presso organismi iscritti;
3) i seguenti **requisiti di onorabilità**:
    a. non avere riportato condanne definitive per delitti non colposi o a pena detentiva non sospesa;
    b. non essere incorso nell'interdizione perpetua o temporanea dai pubblici uffici;
    c. non essere stato sottoposto a misure di prevenzione o di sicurezza;
    d. non avere riportato sanzioni disciplinari diverse dall'avvertimento;
4) la documentazione idonea a comprovare le conoscenze linguistiche necessarie, per i mediatori che intendono iscriversi

negli elenchi dei mediatori specializzati nella materia internazionale e nella materia del consumo.

Ovviamente il requisito previsto al punto 1 è necessario che tu lo abbia già per poter acquisire il requisito al punto 2, ovvero la specifica formazione per diventare mediatore.

SEGRETO n. 3: per iscriverti a un corso di formazione per mediatore civile devi possedere una laurea almeno triennale o essere iscritto a un ordine o collegio professionale.

Il corso di formazione è propedeutico allo svolgimento dell'attività del mediatore, il quale si deve tenere costantemente aggiornato e migliorare la sua professionalità. Proprio a questo si riferisce il punto 2: la legge obbliga il mediatore ad aggiornarsi frequentando specifici corsi successivi a quello base. Tenete dunque presente che la formazione del mediatore non si esaurisce con il primo corso. Il possesso dei requisiti indicati, anche quelli del punto 3 e del punto 4, può essere attestato dall'interessato mediante autocertificazione. Questa attestazione avviene al momento in cui il mediatore viene iscritto nella lista dei mediatori di un organismo di mediazione.

La circolare del 4 aprile 2011 del Ministero della Giustizia ha evidenziato l'esigenza di una piena e chiara consapevolezza del dichiarante circa l'effettivo contenuto di quanto egli dichiara, tenuto conto delle conseguenze penali che potrebbero prodursi in caso di non corrispondenza al vero di quanto dichiarato. Per tale ragione, con specifico riferimento a tale profilo, la modulistica predisposta e approvata dal Ministero ha avuto come specifico obiettivo quello di **responsabilizzare al massimo** chi intende ottenere l'inserimento quale mediatore negli elenchi di un organismo di mediazione.

Pertanto, il mediatore dovrà indicare, oltre che i propri dati personali, anche la sussistenza dei requisiti idonei per l'inserimento negli elenchi di un organismo di mediazione; si è, in particolare, previsto che sia espressamente indicato il titolo di studi posseduto, ovvero l'ordine o il collegio professionale presso il quale si è iscritti; e si è, inoltre, richiesto di specificare di avere frequentato un corso di formazione presso un ente abilitato ai sensi dell'art.18 del d.m. 180/2010, nonché la durata del corso e la valutazione finale.

Questi sono i requisiti che possiamo definire "di base" affinché tu possa intraprendere questo percorso professionale. Andiamo con ordine: stai decidendo se diventare mediatore, dunque verifica per prima cosa se hai i requisiti previsti dalla legge per frequentare il corso: una laurea o l'iscrizione a ordine o collegio.

Partiamo dalla laurea: sfatiamo, innanzitutto, un primo mito secondo il quale può diventare mediatore solo chi possiede una laurea in giurisprudenza. **Non è necessaria una laurea in giurisprudenza per diventare un bravo mediatore.**

Non esiste alcuna limitazione relativa alla tipologia di laurea richiesta, di conseguenza va bene una laurea in psicologia, in medicina, in informatica. È sufficiente che la laurea sia triennale. Il mediatore non è chiamato ad applicare delle leggi per emettere un giudizio sul torto o sulla ragione relativa alla controversia che gli viene sottoposta. Il mediatore si pone come facilitatore della comunicazione tra le parti. Compito principale del mediatore è di fare in modo che le parti riprendano il dialogo interrotto e trovino in tempi ragionevoli una soluzione vantaggiosa e vincolante per entrambe.

Tieni presente che esistono dei casi in cui la mediazione è obbligatoria. Ciò significa che le parti che vogliono poi affrontare un giudizio in tribunale sono obbligate prima a effettuare un tentativo di conciliazione davanti al mediatore.
Queste materie sono previste dall'art. 5 del d.lgs. 28/2010 e sono:

- condominio;
- diritti reali;
- divisione;
- successioni ereditarie;
- patti di famiglia;
- locazione;
- comodato;
- affitto di aziende;
- risarcimento del danno derivante dalla circolazione di veicoli e natanti;
- risarcimento del danno derivante da responsabilità medica;

- risarcimento del danno derivante da diffamazione con il mezzo della stampa o con altro mezzo di pubblicità;
- contratti assicurativi, bancari e finanziari.

È bene, dunque, per queste materie conoscere almeno i fondamenti. Ad esempio, per le divisioni ereditarie è opportuno conoscere i principi di divisione ereditaria presenti nel codice civile ecc.

Ti chiederai perché, visto che non devi applicare la legge. Perché in mediazione, in alcuni casi, è importante trovare una base comune e oggettiva da cui partire per far ragionare le parti. Faccio un esempio: se ci sono fratelli che litigano per l'eredità e la legge stabilisce delle quote, è bene conoscerle e far presente queste suddivisioni alle parti. In ogni caso, ti voglio tranquillizzare perché il mediatore non assiste legalmente le parti, non è suo compito farlo. Spesso, le parti che vengono in mediazione, ci vengono con i propri consulenti.

In alternativa alla laurea, devi essere iscritto a un ordine o collegio professionale. Con questa previsione, alternativa, si è voluto dare importanza ulteriore a diverse professionalità. In questa seconda ipotesi non è necessario il titolo di studio della laurea triennale.

Attenzione a non confondere ordine o collegio professionale con albo e con gli elenchi. Facciamo alcuni esempi di chi è iscritto a ordini e collegi professionali: avvocati, dottori commercialisti ed esperti contabili, ingegneri, architetti, geometri, medici, biologi, psicologi, geologi.

La denominazione di ordine professionale viene di solito usata per quelle professioni che richiedono un titolo di studio di livello non inferiore alla laurea e il superamento del relativo esame di abilitazione. Invece per le professioni per le quali è sufficiente un diploma di scuola secondaria superiore si usa di solito la denominazione di collegio professionale. Tieni presente però che tale distinzione terminologica non è, comunque, seguita in modo rigoroso. Infatti, ad esempio, l'Ordine dei giornalisti ha tale denominazione nonostante non sia richiesta la laurea per l'esercizio della professione.

SEGRETO n. 4: la legge prevede un aggiornamento ogni due anni sotto forma sia di partecipazione a corsi, sia di tirocinio assistendo a incontri di mediazione.

Per quel che concerne i corsi di aggiornamento, sono gli stessi organismi di formazione che propongono il corso base a organizzarli. Analizzeremo in dettaglio nel successivo capitolo i contenuti del corso base di formazione. Vediamo qui, per avere un quadro completo, in cosa consiste il **tirocinio.**

Il decreto 145 dell'estate 2011 fa obbligo al mediatore di partecipare, nel biennio di aggiornamento e in forma di tirocinio assistito, ad almeno venti casi di mediazione svolti presso organismi iscritti. Il 20 dicembre, il Ministero della Giustizia ha pubblicato una circolare per chiarire cosa si deve intendere per tirocinio. Puoi leggere la circolare sul sito del Ministero (www.giustizia.it), i punti salienti sono:

- l'obbligo del tirocinio assistito riguarda solo i mediatori già iscritti;
- la partecipazione al tirocinio assistito comporta solo la presenza del mediatore in tirocinio senza compimento di

ulteriore attività che riguardi l'esecuzione di attività proprie del mediatore titolare del procedimento;

- costituisce partecipazione valida anche la sola presenza del mediatore in tirocinio a una singola fase del procedimento di mediazione;
- costituisce partecipazione valida, allo stato e tenuto conto del limitato numero di mediazioni concluse con la partecipazione della controparte, anche la sola presenza del mediatore in tirocinio alla fase di redazione, da parte del mediatore titolare, del verbale negativo per mancata partecipazione della controparte;
- il tirocinio assistito deve essere rinnovato ogni due anni;
- la determinazione del numero dei mediatori in tirocinio che possono essere presenti di volta in volta è lasciata alla valutazione del responsabile dell'organismo, che terrà conto della natura dell'affare di mediazione e della propria capacità organizzativa e strutturale.

In considerazione di ciò, il mio suggerimento è quello di verificare sempre il regolamento dell'organismo presso cui svolgerai il tuo tirocinio. Molti organismi hanno giustamente ritenuto di interpretare in modo ampio il concetto di tirocinio. Il tirocinio viene inteso non solo come partecipazione a un incontro di mediazione ma, ad esempio, anche come confronto tra mediatori su casi concreti, come momento di riflessione e analisi sulle mediazioni osservate.

Tutti gli organismi devono dare la possibilità, a chi possiede il titolo di mediatore a seguito del corso base, di fare il tirocinio. Tuttavia ti invito ancora a verificare le modalità nel regolamento dell'organismo e a prendere contatti diretti con l'organismo presso cui intendi fare il tirocinio.

Ovviamente ogni organismo dà la priorità ai propri mediatori. Il mediatore è un'attività innovativa e in evoluzione. Molte sono le casistiche che si possono presentare e che non sono state affrontate esplicitamente dal legislatore. Vediamone una: quello del mediatore può essere per te un secondo lavoro? **Non è un'attività che possono svolgere in esclusiva i liberi professionisti.** Infatti, molti dipendenti pubblici o privati, che desiderano cambiare lavoro o avere un secondo lavoro, possono intraprendere questa professione.

La figura professionale del mediatore non è specificatamente disciplinata dalle legge, ma i requisiti e le caratteristiche e gli obblighi per lo svolgimento di questa attività si possono determinare sulla base del complesso normativo in vigore (d.lgs. 4 marzo 2010, n. 28; d.m. 18 ottobre 2010, n. 180; d.m. 6 luglio 2011, n. 145).

Tali norme, ai fini dell'iscrizione nel registro dei mediatori di un lavoratore dipendente, non sembrano prevedere in modo esplicito alcuna incompatibilità con lo svolgimento dell'attività di lavoro subordinato o autonomo per conto di soggetti terzi. Questa "mancanza" non sembrerebbe casuale poiché, dove il legislatore ha voluto prevedere incompatibilità, lo ha fatto espressamente: è il caso in cui all'art. 6 del d.m. 180/2010 in cui ha precisato che ogni mediatore non può iscriversi a più di cinque organismi.

Inoltre, penso che nel caso in cui fosse stata prevista incompatibilità con lo svolgimento dell'attività subordinata per soggetti pubblici o privati, la norma secondo la quale:

«1. Il richiedente è tenuto ad allegare alla domanda di iscrizione l'elenco dei mediatori che si dichiarano disponibili allo svolgimento del servizio.

2. L'elenco dei mediatori è corredato:

a) della dichiarazione di disponibilità, sottoscritta dal mediatore e contenente l'indicazione della sezione del registro alla quale questi chiede di essere iscritto;

b) del curriculum sintetico di ciascun mediatore, con indicazione specifica dei requisiti di cui all'art. 4, comma 3, lettere a) e b);

c) dell'attestazione di possesso dei requisiti di cui all'articolo 4, comma 3, lettera c);

d) di documentazione idonea a comprovare le conoscenze linguistiche necessarie all'iscrizione nell'elenco dei mediatori esperti nella materia internazionale»

avrebbe anche dovuto prevedere, presumibilmente, un'apposita dichiarazione al fine di accertare l'incompatibilità. Non solo, ma la conclusione del dispositivo: «Le violazioni degli obblighi inerenti le dichiarazioni previste dal presente articolo, commesse da pubblici dipendenti o da professionisti iscritti ad albi o collegi professionali, costituiscono illecito disciplinare sanzionabile ai sensi delle rispettive normative deontologiche. Il responsabile è tenuto a informarne gli organi competenti» rende, a mio parere, più o meno esplicito che i lavoratori subordinati possono svolgere attività di mediazione ed essere iscritti nei relativi elenchi in quanto ha previsto una specifica sanzione per alcuni di essi. Ho voluto condividere queste considerazioni un po' più specifiche perché in materia ancora **non c'è giurisprudenza e la dottrina non si è ancora pronunciata in modo uniforme.**

Il complesso normativo sulla mediazione non appare prevedere alcuna generica incompatibilità diretta tra l'esercizio dell'attività di mediatore e lo status di dipendente privato o pubblico in servizio. Vanno poi esaminate le disposizioni contrattuali collettive applicate al settore in cui operi.

Dunque, puoi eventualmente controllare che nel tuo contratto collettivo nazionale non vi siano limiti o incompatibilità con lo svolgimento di altre attività e, in particolare, quella di mediatore. Ovviamente non troverai direttamente scritto che non puoi fare il mediatore, poiché la normativa sulla mediazione è successiva a qualunque contratto collettivo. È auspicabile una revisione di questi contratti ma nel frattempo puoi comunque informarti presso i sindacati o con il tuo datore di lavoro per interpretare il tuo contratto nazionale.

Mi sembra importante, a conclusione di questo capitolo, parlare anche della **responsabilità e** degli **obblighi del mediatore**.
La **deontologia** del mediatore si basa:

- sull'**imparzialità**: il mediatore deve condurre la mediazione in modo imparziale, se si accorge di non poterlo essere deve ritirarsi e farsi sostituire;
- sull'**assenza di conflitto d'interessi**: il mediatore non deve avere alcun interesse nella vertenza;
- sulla **riservatezza**: il mediatore non deve diffondere notizie, informazioni che ha acquisito durante la mediazione;
- sulla **competenza**: il mediatore deve operare solo se ritiene di avere le competenze adeguate.

Gli obblighi che nascono in capo al mediatore nei confronti dell'organismo, una volta designato per lo svolgimento di una mediazione, sono:

- svolgere diligentemente il servizio di assistenza alle parti nella ricerca di un accordo amichevole;
- svolgere il servizio personalmente;
- svolgere il servizio senza possibilità di rifiutarsi, salvo i casi in cui l'imparzialità ne sia compromessa;
- formulare la proposta di conciliazione nei casi previsti dalla legge e dal regolamento dell'organismo;
- redigere il verbale.

Ipotesi di responsabilità del mediatore si verificano nel caso di violazione dei doveri di riservatezza, indipendenza, imparzialità. Anche nel caso in cui il mediatore faccia sottoscrivere e certifichi l'autenticità delle sottoscrizioni delle parti di un verbale contenente un accordo illecito è ravvisabile una responsabilità del mediatore.

Questa carrellata era necessaria non per spaventarti o per dire che «Da un grande potere deriva una grande responsabilità» in quanto il mediatore non ha poteri da super-eroe ma ha responsabilità che vanno prese in considerazione sin dal momento in cui sceglie di intraprendere questa carriera.

SEGRETO n. 5: in capo al mediatore vi sono obblighi e responsabilità dettati sia dalla deontologia sia dalla legge che ne regola i rapporti con le parti e con l'organismo presso cui presta servizio.

Arrivato a questo punto, penso tu ti sia fatto un'idea piuttosto chiara di quello che è il lavoro del mediatore, degli obiettivi, delle difficoltà che potrai incontrare, degli obblighi e delle responsabilità. Ti starai a questo punto chiedendo: che cosa ci guadagno? Ho già detto e lo ripeterò altre volte, che il lavoro di mediatore è secondo me una scelta di vita, uno stile per svolgere una professione e che ti arricchisce.

Se dovessi copiare uno spot direi: **Imparare ad affrontare e gestire i conflitti non ha prezzo!** Voglio comunque darti un'idea precisa e concreta di quello che potresti guadagnare. **Il mediatore viene pagato dall'organismo di mediazione, non dalle parti.** Il compenso al singolo mediatore è strettamente legato allo svolgimento dell'incarico assegnato, e ha natura di compenso professionale, qualificato dalla legge quale "onorario". L'onorario viene stabilito dall'organismo di mediazione; per questo, ancora una volta, ti invito a confrontarti direttamente con l'organismo per avere l'informazione concreta corretta. Il guadagno del mediatore, in primo luogo, dipende generalmente dal contenzioso: mediamente si va da 50 euro per una lite del valore di 1000 euro a 6000 euro per una lite del valore di cinque milioni di euro. Possiamo anche dire che è circa il 60% di quello che l'organismo incassa dal procedimento, per cui puoi verificare nelle tabelle allegate al regolamento degli organismi.

Variante importante da tenere in considerazione è il numero di mediazioni. Ricorda che non vieni pagato sul numero di ore né sul numero di incontri che fai, ma sulla singola mediazione. Se la mediazione dura due ore, sei ore, tre incontri, il tuo compenso è sempre lo stesso. Una considerazione da fare è: quante mediazioni verrò chiamato a condurre nel corso di un mese? Nella fase di scelta del corso da fare o dell'organismo cui iscriverti potresti porre questa domanda!

Valuta quante mediazioni mediamente ha l'organismo, quanti mediatori ha nelle sue liste e che tipo di criteri adotta per

l'assegnazione dei casi. Un indiscutibile supporto te lo dà anche in questo caso **l'attenta lettura del regolamento di mediazione dell'organismo**.

Sulla scorta di questo fai le tue valutazioni!

- ✓ Hai verificato di avere i requisiti di legge per fare il mediatore?
- ✓ Hai controllato, se già lavori, se il tuo contratto ti consente di svolgere l'attività di mediatore?
- ✓ Hai pensato a qualche episodio in cui hai dovuto gestire un conflitto tra due persone? Come l'hai fatto? Hai preso le parti di qualcuno? Cercavi di far cambiare idea a chi ritenevi avesse torto?
- ✓ Hai analizzato gli obblighi del mediatore?
- ✓ Hai riflettuto sulla tua responsabilità come mediatore?
- ✓ Hai valutato anche l'incidenza economica di questa professione nella tua vita?

RIEPILOGO DEL CAPITOLO 1:

- SEGRETO n. 1: non importa quello che pensavi avresti fatto fino a poco fa. La vita è piena di possibilità nuove e devi essere capace di coglierle al volo! Diventare mediatore è un'occasione di crescita professionale e soprattutto personale.
- SEGRETO n. 2: il mediatore non fa il giudice, non decide chi ha torto o chi ha ragione. Il mediatore è un terzo imparziale.
- SEGRETO n. 3: per iscriverti a un corso di formazione per mediatore civile devi possedere una laurea almeno triennale o essere iscritto a un ordine o collegio professionale.
- SEGRETO n. 4: la legge prevede un aggiornamento ogni due anni sotto forma sia di partecipazione a corsi, sia di tirocinio assistendo a incontri di mediazione.
- SEGRETO n. 5: in capo al mediatore vi sono obblighi e responsabilità dettati sia dalla deontologia sia dalla legge che ne regola i rapporti con le parti e con l'organismo presso cui presta servizio.

CAPITOLO 2:
Come scegliere il corso per diventare mediatore

Per poter svolgere questa professione è richiesta una **formazione specifica** a integrazione della propria preparazione professionale. È pertanto necessaria la frequenza di un corso base per diventare mediatore civile. Che cosa imparerai al corso?

SEGRETO n. 6: il corso insegna comunicazione, psicologia della comunicazione, prossemica, mimica, tecniche di risoluzione alternative delle controversie, gestione delle emozioni.

Prima di qualche consiglio sul come districarsi nei numerosi corsi di formazione offerti e di cui puoi fare una selezione in internet, vagliamo insieme tre aspetti fondamentali:

- chi organizza questi corsi;
- quali sono i programmi dei corsi;
- quanto costano i corsi.

Questo ti aiuterà a orientare la tua scelta benché, a mio parere, il criterio fondamentale resta la comodità!

SEGRETO n. 7: scegli un corso tenuto in un luogo da te facilmente raggiungibile e che sia erogato con modalità che riesci a conciliare con i tuoi numerosi e altri impegni.

I corsi si svolgono nelle principali città italiane e alcuni propongono le formule intensive week end, altri orari serali nel corso della settimana. Poiché la **frequenza è obbligatoria**, è importante che tu possa raggiungere la sede del corso comodamente.

Chi tiene i corsi?

Il corso viene organizzato dagli **organismi di formazione** accreditati dal Ministero della Giustizia. L'elenco degli organismi è reperibile sul sito del ministero www.giustizia.it. Trovate il nome dell'organismo, la sede legale, il sito internet o i contatti.

Fai attenzione: se la sede legale dell'organismo è a Roma non significa che i corsi vengono tenuti solo a Roma. Verifica nel sito dell'organismo che scegli in quali città organizza i corsi.

Ministero della Giustizia

Percorsi chiari e precisi: un tuo diritto

848 800 110

CERCA Vai

Mappa del sito | Indice | Glossario

Home | Ministro | Ministero | Strumenti | Itinerari a tema | Schede pratiche | Giustizia Map | Intranet | Newsonline

Home » Strumenti » Mediazione e Formazione per la mediazione » Elenco enti di Formazione per mediatori

Elenco degli Enti abilitati a tenere corsi di Formazione per mediatori

Il Ministero cura l'accreditamento degli organismi di mediazione e degli enti di formazione ed esercita il controllo su quelli già accreditati.

Numero	P.D.G. e successive modifiche	Nominativo ente	Sede legale	Sito web e/o mail
1	23/11/2006 16/07/2007 21/07/2007 10/12/2009 23/02/2010 11/05/2010 28/07/2010 13/09/2010	BRIDGE MEDIATION ITALIA	Via Panama 26, Roma	www.bridge-mediation.com/
2	06/12/2006 confermato 21/12/2010	ADR Center s.p.a.	Via del Babuino, 114 Roma	www.adrcenter.com
3	23/01/2007 07/06/2007 27/06/2007 25/10/2007 27/10/2008 15/10/2009 15/02/2010 08/06/2010 08/09/2010	ADR NETWORK	Viale Libia, 76 Roma	www.adrnetwork.it/
	31/01/2007 10/05/2007			

Struttura di riferimento

- Ufficio III DG giustizia civile - Dipartimento affari di giustizia

Strumenti

- Nota 2 febbraio 2011 - Indicazioni per la compilazione delle domande
- Provvedimento 4 novembre 2010 - Modelli di domanda per l'iscrizione
- Decreto 18 ottobre 2010 n.180 - Istituzione del Registro e dell'Elenco degli Enti di formazione
- Registro degli Organismi di mediazione

Itinerari a tema

- Far funzionare la giustizia - La mediazione civile e commerciale

Schede pratiche

- FAQ - Accreditarsi come Ente di formazione

Altra domanda che sicuramente ti starai facendo: **un organismo è meglio di un altro?**

L'elenco degli organismi è un elenco cronologico. I primi sono quelli iscritti da più tempo e, dunque, con maggiore esperienza. Vi sono quindi degli organismi cosiddetti "storici" che si occupavano di formazione dei conciliatori ancor prima dell'emanazione della legge sulla mediazione. Questi hanno l'indubbio vantaggio di una pluriannuale esperienza nel settore. Ciò non significa che il corso tenuto da un organismo iscritto in tempi più recenti non sia ugualmente di alta qualità.

I contenuti dei corsi sono tutti uguali, certo la **qualifica del formatore** fa la differenza. Navigando nei siti degli organismi ti accorgerai che viene proprio indicato chi è o chi sono i docenti del corso, le loro qualifiche e le loro esperienze.

La legge stabilisce che l'organismo di formazione preveda e istituisca un **percorso formativo** con le seguenti caratteristiche:

1) durata complessiva non inferiore a 50 ore;
2) articolato in corsi teorici e pratici;
3) con un massimo di trenta partecipanti per corso;
4) comprensivi di sessioni simulate partecipate dai discenti, e in una prova finale di valutazione della durata minima di quattro ore, articolata distintamente per la parte teorica e pratica;
5) in particolare i corsi teorici e pratici devono avere per oggetto le seguenti materie:
    - normativa nazionale, comunitaria e internazionale in

materia di mediazione e conciliazione;

- metodologia delle procedure facilitative e aggiudicative di negoziazione e di mediazione e relative tecniche di gestione del conflitto e di interazione comunicativa, anche con riferimento alla mediazione demandata dal giudice;
- efficacia e operatività delle clausole contrattuali di mediazione e conciliazione, forma, contenuto ed effetti della domanda di mediazione e dell'accordo di conciliazione;
- compiti e responsabilità del mediatore.

SEGRETO n. 8: il contenuto base dei corsi è stabilito dalla legge; se nell'analizzare il programma di un organismo non trovi quanto sopra, diffidane.

Ogni organismo è libero, dunque, di organizzare i corsi come crede, nel rispetto delle indicazioni di legge. Vale la pena di accennare anche al **percorso di aggiornamento formativo**.

Ecco le indicazioni minime di legge:

1) durata complessiva non inferiore a 18 ore biennali;
2) articolato in corsi teorici e pratici avanzati, comprensivi di

sessioni simulate partecipate dai discenti ovvero, in alternativa, di sessioni di mediazione;

3) i corsi di aggiornamento devono avere per oggetto le materie di cui alla lettera f);
4) l'esistenza, la durata e le caratteristiche dei percorsi di formazione e di aggiornamento formativo di cui alle lettere f) e g) devono essere rese note, anche mediante la loro pubblicazione sul sito internet dell'ente di formazione.

Anche in questo caso, sta all'organismo proporre corsi attinenti alla professione del mediatore. Alcuni puntano maggiormente sugli aspetti della negoziazione e della comunicazione, altri corsi sono un approfondimento delle materie di mediazione obbligatoria. Starà poi a te decidere, sulla base della tua esperienza, cosa maggiormente ti sarà utile per proseguire e completare il tuo percorso formativo.

Veniamo alle note dolenti: **i costi.**
I costi variano da corso a corso. Ho raccolto qualche prezzo su internet a titolo soltanto informativo. Ovviamente i costi sono stabiliti dagli organismi e potranno variare.

www.conciliatori.org TrendCOM € 750
www.concilia.it Concilia € 900 + IVA
www.mediaformazione.it media.con. € 650
www.adrcenter.it ADR Center € 2500 + IVA
www.corsoconciliatore.net Associazione
Primavera Forense € 700

Vedi che i costi possono andare dai 600 ai 3000 euro. Un bel range, vero? Ribadisco che la differenza non sta nei contenuti, ma probabilmente nella qualità e nella qualifica dei docenti, e nel nome dell'organismo. Alla fine del corso, se superi il test, avrai il **titolo di mediatore professionista** sia che abbia pagato un corso 600 euro sia che tu lo abbia pagato 3000.

SEGRETO n. 9: il costo varia da organismo a organismo, informati prima e scegli anche in base alle tue possibilità di investimento.

Abbiamo visto i contenuti, abbiamo valutato i costi, **cosa altro puoi tener presente quando scegli il corso?**
In primo luogo diffida di enti che si dedicano esclusivamente alla formazione e che promettono iscrizione a organismi di conciliazione non facenti parte della loro organizzazione (puoi chiedere copia dell'eventuale accordo e verificare).

Questo è molto importante perché una volta effettuato il corso, per lavorare come mediatore dovrai necessariamente iscriverti a un organismo di mediazione e se chi ha erogato il corso è anche organismo di mediazione è meglio! Una cosa che puoi verificare con una telefonata all'organismo, prima di iscriverti al corso, è proprio la possibilità che dopo il corso ti iscrivano nelle liste dei loro mediatori.

SEGRETO n. 10: chiedi all'organismo di formazione se al termine del corso ti iscriveranno in un organismo di mediazione.

Fare un corso, senza la possibilità successiva di essere iscritto a un organismo di conciliazione è come non averlo fatto. Puoi anche accertatati che l'ente formativo abbia come minimo 5 formatori e almeno 1 responsabile scientifico di chiara fama ed esperienza in materia di mediazione, conciliazione o risoluzione alternativa delle controversie, che attesti la completezza e l'adeguatezza del percorso formativo e di aggiornamento biennale sia dei mediatori che dei formatori. Ricorda che devi possedere i titoli e i requisiti di cui abbiamo parlato nel precedente capitolo per frequentare un corso.

Mi raccomando! Fai attenzione! Come tutte le cose che creano un business, c'è chi se ne vuole approfittare a discapito di altri. Mi sembra che tu abbia elementi per valutare quale corso ti conviene frequentare.

Ti va di vedere nel dettaglio cosa imparerai durante il corso? Scarica dal sito www.mediazionetrapari.wordpress.com e tra i materiali gratuiti le slide in formato pdf del corso da mediatore civile. Penso possa esserti utile scorrerle a grandi linee, per capire se ti interessa davvero fare questo investimento!

Riassumendo, per scegliere il corso vaglia:

- la comodità (dove e quando);
- i costi;
- le qualifiche dei formatori;
- il programma;
- le possibilità di lavoro offerte da chi tiene il corso.

- ✓ Hai visitato il sito del Ministero individuando gli organismi di formazione che ti interessano?
- ✓ Hai visitato il sito dell'organismo per vedere i programmi, i costi, la sede e le date dei prossimi corsi?
- ✓ Hai verificato che l'organismo di formazione sia anche organismo di mediazione?
- ✓ Hai telefonato all'organismo per sapere se dopo il corso ti iscriveranno nella lista dei loro mediatori?
- ✓ Hai letto il regolamento dell'organismo? quali sono i criteri di assegnazione dei casi ai mediatori che adotta?

RIEPILOGO DEL CAPITOLO 2:

- SEGRETO n. 6: il corso insegna comunicazione, psicologia della comunicazione, prossemica, mimica, tecniche di risoluzione alternative delle controversie, gestione delle emozioni.
- SEGRETO n. 7: scegli un corso tenuto in un luogo da te facilmente raggiungibile e che sia erogato con modalità che riesci a conciliare con i tuoi numerosi e altri impegni.
- SEGRETO n. 8: il contenuto base dei corsi è stabilito dalla legge; se nell'analizzare il programma di un organismo non trovi quanto sopra, diffidane.
- SEGRETO n. 9: il costo varia da organismo a organismo, informati prima e scegli anche in base alle tue possibilità di investimento
- SEGRETO n. 10: chiedi all'organismo di formazione se al termine del corso ti iscriveranno in un organismo di mediazione.

CAPITOLO 3:

Come sviluppare le abilità di mediatore

Riassumiamo insieme quali sono **le caratteristiche e le abilità** del mediatore.

- saper comunicare;
- saper essere neutrale;
- saper essere riservato;
- saper ascoltare;
- saper fare domande;
- saper fare un brainstorming;
- saper scrivere un accordo;
- saper condurre un incontro di mediazione.

In questo capitolo, troverai qualche suggerimento per esercitarti nella pratica da mediatore. Ricordati che il tuo iter formativo comprende la partecipazione in qualità di **uditore a casi di mediazione**. Questa è la miglior scuola: partecipando alle mediazioni apprenderai tantissimo! Se ancora non sei iscritto a un organismo, cercane uno che ti consenta di fare questo uditorato! Tieni presente che l'uditorato è gratuito e che le modalità di organizzazione di questo tirocinio sono previste dal regolamento di ogni singolo organismo. Mentre aspetti di essere chiamato per partecipare alle mediazioni non stare con le mani in mano!

SEGRETO n. 11: per sviluppare le tue abilità di mediatore serve tempo e, soprattutto, tanto esercizio, per cui comincia subito ad allenarti.

Una cosa che puoi fare e che troverai sicuramente utile è quella di vedere **video di simulazioni di mediazione**. Su internet ce ne sono diversi. Io per esempio, ho apprezzato molto quello proposto dalla Camera Arbitrale di Milano e ne ho analizzato ogni singolo spezzone sul mio blog (www.mediazionetrapari.wordpress.com). Oltre a questo ce ne sono altri: guarda sul sito della Camera di Commercio di Firenze oppure quello dell'organismo ADR Center.

Fai una semplice ricerca su **YouTube.** A cosa serve? A prendere spunto sulla figura del mediatore! Come si presenta? Che parole usa? Cosa dice con il suo linguaggio del corpo? Come gestisce la sessione congiunta? Cosa fa durante la sessione riservata? Io ne ho guardate parecchie, anche quelle in lingua inglese presenti sul web. Le ho riguardate più volte e ho preso appunti per poi studiare un mio stile. Ho preso quello che mi piaceva di più dall'uno e dall'altro e l'ho messo insieme.

È quello che, per chi mastica di PNL, si chiama modeling, cioè prendere modelli di successo e riprodurli. Sempre nel web puoi trovare **guide che contengono casi concreti di mediazione**. Ad esempio ne trovi una sul sito del Sole 24 Ore, con diversi casi di mediazione risolti passo per passo.

Ci sono diversi libri che analizzano casi concreti. Fai una semplice ricerca su Google, molti sono in formato ebook e hanno un costo contenuto. Ci sono anche video-guide di casi pratici. Guarda, ad esempio, quella di ADR Center e Il Sole 24 Ore sul sito di ADR Center.

Insomma, il web offre tante opportunità a poco costo per formarsi un po' da sé! Se vuoi investire qualcosa in più puoi acquistare libri utilissimi, come ad esempio: Negoziare in situazioni difficili di William Urly, PNL per il problem solving di Sid Jacobson, o Negoziare secondo Harvard di Alessio Roberti.

Non ti concentrare solo su come condurre una mediazione, ma alterna esercizi che ti consentano anche lo **sviluppo di singole abilità da mediatore**. Tutto può essere migliorato e affinato con un po' di esercizio. Non pensare di dover dedicare del tempo specifico a questa attività. Non dovrai rinunciare a nulla per esercitarti! Sfrutta la tua giornata, le opportunità che ti offre, le persone che ti stanno intorno! Mi spiego: pensa di doverti esercitare sull'ascolto, sul saper ascoltare attivamente. L'esercizio che devi fare oggi è ascoltare, ascoltare e aspettare che l'altra persona abbia finito di parlare prima di essere tu a dire qualcosa.

L'esercizio che devi fare domani è ascoltare, ascoltare e trasformare quello che vorresti dire in domande. Quando la persona che sta parlando finisce, fai la tua domanda e poi ascolta ancora.

L'esercizio che devi fare dopodomani è ascoltare: ascolta e fai attenzione alle parole, agli intercalari, ai modi di dire che i tuoi interlocutori utilizzano. L'esercizio che devi fare ancora è ascoltare: ascolta e fai attenzione al tono di voce, alla velocità e al volume della voce del tuo interlocutore. Immagino che ti sia chiaro cosa intendo quando dico che non hai bisogno di ritagliarti del tempo per fare questi esercizi!

SEGRETO n. 12: puoi affinare le tue abilità di mediatore traendo spunto dalla tua quotidianità senza dover investire ulteriore tempo.

Puoi crearti un programma settimanale di quello che vuoi fare. La prima è la settimana dell'ascolto. La seconda settimana è dedicata all'osservazione e al ricalco della postura dei tuoi interlocutori e del loro linguaggio non verbale. Vedrai che ti divertirai e senza fatica e senza quasi accorgertene migliorerai le tue abilità! Tutto ti verrà più semplice e automatico!

Man mano che passa il tempo, ti accorgerai dei tuoi punti di forza e dei tuoi punti deboli. Puoi esercitarti molto anche sulla **tua comunicazione.** Come comunichi? Quale tono di voce usi? Quale postura? Fai delle prove su cosa è più efficace! Mentre spieghi qualcosa a più persone, cerca di guardarle in modo alternativo in modo da farle sentire più coinvolte. Un buon esercizio è sì davanti allo specchio, ma anche davanti agli amici per poter avere un feedback diretto. Che impressione vi ho fatto? Che ne dite del linguaggio? Ero comprensibile?

Potete esercitarvi provando il discorso introduttivo dell'incontro di mediazione. È un momento importante, unico, in cui come mediatore puoi catturare l'attenzione e la fiducia delle parti, entrare in rapport con loro, come si dice nel linguaggio della

PNL. Alcune indicazioni su come fare il discorso introduttivo e come gestire gli incontri riservati te le fornisce l'ebook Mediatore efficace disponibile gratuitamente. Utilissima è la possibilità di filmarsi e rivedersi. La migliore critica è quella che facciamo a noi stessi! E allora coraggio, anche se la telecamera non ti piace, affrontala!

SEGRETO n. 13: allenati, allenati davvero molte volte da solo o in mezzo agli altri e rendi la tua comunicazione più efficace evitando di incorrere in errori.

La formazione dei mediatori è un punto molto delicato e importante. In fondo, il mediatore di successo sarà colui che riuscirà a formarsi adeguatamente e a migliorarsi sempre. Sicuramente il percorso formativo così come previsto oggi dalla legge è insufficiente per raggiungere i risultati che si auspicano, ma attendendo un più chiaro iter formativo è importante darsi da fare.

Dunque, leggi, partecipa a corsi, esercitati e prova a mettere in pratica quello che impari durante la mediazione.

Vorrei concludere questo capitolo con l'intervento di un esperto nel settore della formazione dei mediatori.

Il dott. Fabio Carlo Ferrari è formatore e mediatore, co-autore del libro Strategie di Mediazione.

Si tratta di un libro di comunicazione che offre strumenti operativi e concettuali per svolgere al meglio il lavoro di mediatore. Contiene indicazioni pratiche, esercizi, mappe mentali e schemi utilissimi. Ecco cosa scrive il dott. Ferrari sulla formazione dei mediatori.

IL PRESENTE E IL FUTURO DELLA FORMAZIONE DEI MEDIATORI di Fabio Carlo Ferrari

«Questo è solo l'inizio» sarebbe l'incipit corretto di ogni corso base per mediatori civili.

In 50 ore si impara a guidare?

Un abitante dell'Amazzonia, privo di contatti con il mondo industrializzato (se ancora ne esistono) e conseguentemente con i veicoli a motore, non sa di non saper guidare. Dovrebbe osservare qualcuno alla guida per sapere, o quantomeno supporre, di non esserne in grado.

Un paradosso della formazione è questo: chi sa qualcosa, tende ad approfondire quello che sa e difficilmente viene sfiorato dall'idea di quello che non sa.

Mi è capitato di fare il corso per mediatore in una classe quasi interamente composta da giuristi. I miei compagni restavano letteralmente a bocca aperta quando ascoltavano la distinzione tra una domanda aperta e una chiusa. Avrebbero più volentieri approfondito le sentenze della Cassazione sulle materie obbligatorie, mentre io sentivo l'esigenza di rendere fruibili le conoscenze di comunicazione che possono essere utili nello sviluppo di un percorso di mediazione.

Sapere di non sapere è la chiave dell'autoconsapevolezza dei propri fabbisogni formativi.

Una volta ricevuta la necessaria formazione, si è come il principiante alla guida, che sa di aver imparato i concetti fondamentali ma non li ha ancora interiorizzati. Le esercitazioni pratiche, compenetrate dalla teoria, agevolano questo processo di apprendimento.

Lo stadio successivo è quello del non sapere di sapere, come guidare senza richiamare ogni volta alla mente la sequenza delle azioni, freno/frizione/marcia/frizione/acceleratore, anzi permettendoci di pensare ai fatti nostri.

Il formatore svolge il suo compito sul confine tra queste ultime due fasi, nel senso che deve riportare alla consapevolezza, e trasferire efficacemente, quanto può per lui essere divenuto automatico.

Si tratta di un'attività delicata perché se talvolta è vero che «chi sa fa, chi non sa insegna», è altrettanto vero che non sempre chi sa fare sa anche insegnare.

Fine della formazione, quindi?

Al contrario, formazione continua... anche per i formatori!

- ✓ Hai scaricato i video delle mediazioni presenti su YouTube?
- ✓ Hai fatto una lista dei libri che potresti leggere?
- ✓ Hai cercato sul web se ci sono corsi di comunicazione a cui potresti iscriverti?
- ✓ Hai concordato con l'organismo lo svolgimento del tirocinio assistito?

RIEPILOGO DEL CAPITOLO 3:

- SEGRETO n. 11: per sviluppare le tue abilità di mediatore serve tempo e, soprattutto, tanto esercizio, per cui comincia subito ad allenarti.
- SEGRETO n. 12: puoi affinare le tue abilità di mediatore traendo spunto dalla tua quotidianità senza dover investire ulteriore tempo.
- SEGRETO n. 13: allenati, allenati davvero molte volte da solo o in mezzo agli altri per rendere la tua comunicazione più efficace evitando di incorrere in errori.

CAPITOLO 4:
Come creare job opportunities

Quando qualche indeciso mi chiede se fare o no il corso, ho spesso risposto che fare un corso di mediatore ti arricchisce non solo professionalmente, ma anche personalmente. Sviluppare abilità negoziali e di gestione dei conflitti aiuta nella vita di tutti i giorni.

Si può decidere di conseguire il titolo di mediatore professionista e poi non fare il mediatore come lavoro e vedremo insieme più avanti quali possono essere i vantaggi di questa scelta.
Certo è che **frequentare un corso è un investimento economico ed è giusto valutare le reali possibilità di lavoro.**
Quali sono gli sbocchi professionali?

- mediatore presso gli enti di mediazione al Ministero della Giustizia;
- mediatore presso le Camere di Commercio;

- mediatore presso associazioni di categoria e sindacati;
- inserimento presso Camere di Conciliazione in ambito bancario o presso studi professionali,
- inserimento nel settore delle conciliazioni telefoniche o paritetiche.

Il mediatore è un professionista che svolge la sua attività presso un organismo di mediazione e non è dipendente dell'organismo. Ogni organismo ha una lista generale di mediatori e liste specifiche per i mediatori specializzati in materie internazionali o del consumo. Una volta superato il test finale del corso, il mediatore deve fare domanda a un organismo per essere inserito nelle proprie liste.

SEGRETO n. 14: l'organismo non ha alcun obbligo di accogliere in automatico la tua richiesta di iscriverti nelle sue liste, ma fa una sua valutazione.

L'organismo, in base alle proprie esigenze e alle proprie valutazioni può accettare o meno la tua candidatura. Per legge, come mediatore, puoi svolgere la tua attività per **non più di 5**

organismi. Se fai domanda a un organismo che non ti iscrive nelle sue liste non conta nei cinque totali. Il reclutamento dei meditatori è, dunque, in mano degli organismi che stilano liberamente le loro liste. Vediamo un po' come è il mercato! Intanto, come abbiamo visto nel Capitolo 2, ci sono organismi che sono sia enti di formazione sia enti di mediazione per cui la cosa più semplice è fare il corso presso un organismo che poi ti iscriverà nelle sue liste. Prima di iscriverti al corso, potresti telefonare e chiedere se c'è la possibilità una volta superato il corso di essere inserito nelle liste.

Generalmente gli organismi favoriscono chi ha fatto il corso con loro. Alcuni organismi richiedono requisiti in più, oltre al superamento del corso. Ad esempio, l'organismo dell'Ordine degli avvocati iscrive nelle sue liste solo avvocati iscritti già all'Ordine, per cui se non sei avvocato, non puoi fare il mediatore presso questi organismi.

Altri organismi hanno la forma di un'associazione, per cui ti verrà chiesta una quota associativa per entrare nella lista dei loro mediatori. La cosa migliore che puoi fare è quella di prendere informazioni prima!

Telefona o scrivi all'organismo per sapere se c'è la possibilità di essere inserito nelle loro liste. Chiedi un appuntamento con il responsabile o con chi si occupa del reclutamento per discutere della tua candidatura. **Quali documenti servono per iscriversi a un organismo?**

SEGRETO n. 15: la modulistica per iscriverti nelle liste di un organismo è standard e stabilita dal Ministero della Giustizia

Ecco le dichiarazioni che ti verrà chiesto di firmare.

1. una dichiarazione sostitutiva di certificazione di assenza di condanne penali;
2. una dichiarazione di possesso dei requisiti di qualificazione e disponibilità;
3. oltre a queste due autocertificazioni, ce ne sono altre due specifiche per i mediatori che vogliono essere inseriti nell'elenco specifico dei mediatori esperti in materia internazionale e in quello degli esperti in materia di consumo.

Questi moduli sono reperibili sul sito www.giustizia.it.

Gli organismi chiedono sempre un curriculum allegato alla richiesta di essere iscritti nelle loro liste. **Come sviluppare un CV che metta in evidenza le tue qualifiche ed esperienze in materia di mediazione, includendo informazioni che suscitino interesse?**

Non ti dico nulla di nuovo affermando che **il curriculum vitae è la tua copertina**. Chi esamina il tuo CV lo fa in dieci secondi: dieci miseri secondi per decidere se cestinarti per sempre o darti una possibilità! Vale la pena di spendere un po' di tempo alla preparazione del tuo curriculum da mediatore, certamente un curriculum con contenuti di qualità e con un formato che a colpo d'occhio sia d'effetto, si differenzi subito da tutti gli altri. Nel tuo CV devi riuscire a scrivere tutto quello che l'organismo vuole leggere.

Ma cosa vuole leggere l'organismo?

Per rispondere a questa domanda ho fatto una piccola intervista a chi, di curriculum di mediatori, ne ha selezionati parecchi, l'**avv. Gerardo Iorlano** dell'Istituto Superiore di Conciliazione di Bergamo (www.istitutosuperiorediconciliazione.it).

L'organismo di mediazione è iscritto al n. 81 del Registro degli organismi istituito presso il Ministero della Giustizia.

In particolare, l'ISC ha per scopo:

- la fornitura di servizi di mediazione finalizzata alla conciliazione;
- la promozione e l'organizzazione di eventi, corsi, studi e convegni finalizzati alla formazione e alla diffusione della cultura della mediazione;

- la pubblicazione di studi, opere, ricerche, riviste specializzate;
- il compimento di ogni altra attività necessaria o utile per favorire il perseguimento di tali scopi.

Quanti curriculum di mediatori sono arrivati finora all'Istituto Superiore di Conciliazione? Quanti mediatori avete?

Considerando solo il periodo successivo alla pubblicazione in Gazzetta Ufficiale del d.m. 180/2010, l'ISC ha fino ad oggi ricevuto circa 800 domande di iscrizione da parte di mediatori professionali.

C'è un formato che preferite? mail, fax, posta?

Le domande di iscrizione possono essere inviate in qualunque modo. Preferiamo, però, riceverle a mezzo mail in modo da disporre della documentazione in formato elettronico.

Si è mai presentato qualcuno personalmente?

Fino ad oggi no.

Cosa guardi di un curriculum? cosa cerchi in un mediatore?

La modalità di redazione del curriculum e il suo contenuto sono elementi molto importanti e d'impatto. Un curriculum impostato per bene e completo ed esaustivo nei suoi contenuti dà già l'idea della persona. Alcuni mediatori anticipano il curriculum con una breve presentazione attraverso cui esprimono il loro punto di vista sulla mediazione. Ho apprezzato molto questa cosa, tant'è che la consiglierei ai tuoi lettori. In ogni caso, gli aspetti più importanti da prendere in esame sono la formazione (percorso di studio, specializzazioni, master ecc.) e l'esperienza professionale e/o lavorativa.

Quanto è importante il corso frequentato? quanto l'esperienza da mediatore? quanto le esperienze generali?

Sono tutti aspetti importanti. L'esperienza in mediazione è certamente quello più qualificante, ma devo dire che nessuno dei mediatori che ha formalizzato la domanda ha potuto "spendere" una siffatta esperienza. Del resto, la mediazione è un istituto di recentissima introduzione nel sistema.

Se un curriculum ti piace, fai un colloquio? Quali domande fai al candidato?

Selezionato il curriculum, il colloquio con il candidato è assolutamente necessario. In tale occasione la discussione è a 360° in quanto è importante capire non solo la formazione e l'esperienza professionale, ma anche – se non soprattutto – il contesto in cui vive, le caratteristiche caratteriali, l'attitudine a gestire le criticità. Proprio a questo riguardo, consiglierei di inserire nel curriculum anche una brevissima descrizione del profilo caratteriale.

Quali sono secondo te le principali caratteristiche che deve avere un buon mediatore?

Pazienza, sensibilità, equilibrio, pacatezza.

Benissimo! Ora hai uno spunto in più da cui partire per sviluppare il tuo curriculum. Non c'è bisogno di inventare nulla, basta valorizzare quello sei! Ad esempio, se non hai esperienze, dedica più spazio alle motivazioni e alle aspirazioni. Se non hai competenze tecniche o giuridiche, focalizzati sulle tue abilità di problem solving.

Pensa a qualcosa che ti caratterizza, che ti distingue dagli altri e usala per rendere appetibile la tua candidatura! Abbiamo visto come proporsi agli organismi privati di mediazione, vediamo ora cosa fare per diventare mediatore di un **organismo pubblico** come la Camera di Commercio.

Le Camere di Commercio – attenzione, non tutte – organizzano delle selezioni per reclutare i propri mediatori. Sui siti internet delle Camere di Commercio viene pubblicato il bando. Dunque tieni sotto controllo il sito delle Camere di Commercio vicine a te.

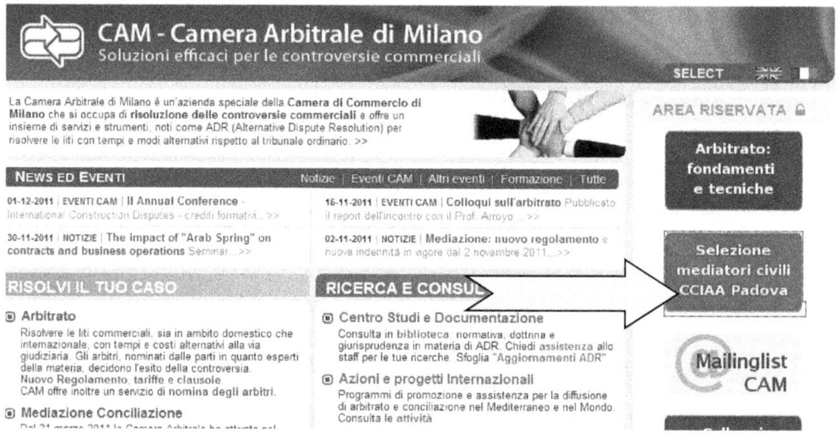

Se non trovi il link nell'homepage, probabilmente è perché non è in corso nessuna selezione, ma verifica comunque all'interno del sito perché è sempre presente una sezione dedicata. Le selezioni vengono tenute quando le Camere di Commercio hanno esigenza di integrare la propria lista di mediatori – in genere ogni due o tre anni – ma è difficile fare delle previsioni esatte. Ti descrivo la **procedura di selezione** che hanno adottato ultimamente. Ovviamente può darsi che le prossime non saranno uguali, ma credo che i principi non cambieranno: leggi comunque molto attentamente il bando che verrà pubblicato per verificare le modalità con cui iscriverti alla selezione.

La selezione si compone di due prove scritte, due simulazioni, un colloquio finale. La **prima prova scritta** è un test a risposta multipla e a tempo – circa 40 minuti – composto da 60 domande riguardanti le tecniche della mediazione finalizzata alla conciliazione delle controversie civili e commerciali e la legislazione italiana vigente.
Consigli per la preparazione:

- allenati alle risposte a quiz;
- trattandosi di prove sulla legge, impara gli articoli di legge a memoria: ti consentirà di non cadere in tranelli e di essere veloce nelle risposte.

Superato il test, la **seconda prova scritta** consiste nella lettura di un caso pratico e nella risposta per esteso a quattro domande – tempo 60 minuti circa.
Consigli per la preparazione:

- allenati a scrivere con carta e penna! Non sottovalutare la fatica nello scrivere per chi è abituato a usare una tastiera;

- analizza dei casi pratici e prova a farti delle domande, le domande che ti faresti come mediatore: quali sono gli interessi delle parti? quali sono i bisogni delle parti? quali sono le alternative?
- usa le simulazioni che suggerisco nel Capitolo 3 per esercitarti.

Le **prove di simulazione** consistono nella simulazione di un incontro di mediazione della durata di 50 minuti in cui svolgerai il ruolo di mediatore.

Consigli per la preparazione:

- fai tanta pratica, prepara il tuo discorso introduttivo: questi primi minuti dell'incontro di mediazione sono determinanti per creare fiducia nelle parti ed empatia.

Il **colloquio** finale ha come oggetto i contenuti delle esercitazioni svolte, le esperienze del candidato in materia di mediazione, il curriculum professionale, di studi e l'aspetto motivazionale. La selezione è molto impegnativa, ma non impossibile! Ho detto prima che non tutti gli organismi pubblici organizzano selezioni.

Ad esempio, la **Camera di Commercio di Genova** recluta i mediatori selezionandone i curriculum.

Trovo ancora una volta utile e indispensabile dare la parola a chi seleziona i mediatori: l'**avv. Michela Dalle Luche** della **Segreteria dell'Organismo di Conciliazione della CCIAA di Genova - Sede della Spezia.**

Quanti sono i mediatori iscritti nella lista del vostro organismo e quante domande d'iscrizione vi sono pervenute?

La Camera di Commercio della Spezia, sede distaccata dell'organismo di Genova n. 35, ha nel proprio elenco iscritti circa 80 mediatori. Solo alla Spezia è pervenuto un centinaio di domande per mediatori.

Come vi arrivano i curriculum?

I curriculum con relative domande di iscrizione sono stati spediti con raccomandata A/R all'organismo di Genova. Alcune volte sono venuti di persona a consegnare il curriculum o a chiedere informazioni.

Cosa guardi in un curriculum?

Camera di Commercio La Spezia Nella scelta del mediatore si dà importanza ai titoli formativi, laurea in giurisprudenza o equipollenti, e a titoli ulteriori (master, avvocato ecc.).

Quanto peso ha il corso frequentato dal mediatore?

Camera di Commercio La Spezia Il corso formativo ha importanza ma unito anche al percorso di studi e lavorativo.

Una volta che un mediatore è stato selezionato, come assegnate le procedure di mediazione?

Camera di Commercio La Spezia L'organismo della Camera di Commercio di Genova ha fino alla data del 21 luglio 2011 inserito tutte le domande pervenute purché formalmente in regola con i requisiti di legge. Dopo tale data le iscrizioni sono state temporaneamente chiuse fino a data da definire. Tra gli iscritti viene fatta una scrematura in base ai curriculum personali, alle caratteristiche tecniche e alla natura dell'oggetto della mediazione che deve essere assegnata.

Opportunità di lavoro ci sono anche nel settore delle conciliazioni paritetiche.
La conciliazione paritetica è un mezzo di risoluzione delle controversie che si svolge attraverso il confronto tra consumatore e azienda, per il tramite dei loro rispettivi rappresentanti, che vengono definiti "conciliatori".

Attenzione! Il conciliatore, in questo caso, non è un terzo neutrale che ha seguito l'iter formativo di cui abbiamo parlato nel Capitolo 2! È un rappresentante delle parti!
Dunque, per sfruttare questa opportunità di lavoro, non è richiesta la frequenza al corso da mediatore civile.

Le conciliazioni paritetiche vengono utilizzate, ad esempio, dagli operatori di telefonia mobile, dall'Enel, da Trenitalia. Queste aziende firmano dei **protocolli d'intesa** con le associazioni dei consumatori che prevedono, in caso di ricorso del consumatore, che la lamentela sia risolta in sede conciliativa da un team di conciliatori nominati dalle parti. Per essere uno di questi conciliatori, devi prendere contatto con le aziende o con le associazioni dei consumatori, farti conoscere e proporti come loro conciliatore. Non è semplice, richiedono figure che hanno molta esperienza, per cui come primo incarico sarà un po' difficile ma, man mano che acquisisci abilità, è uno sbocco lavorativo che puoi tenere presente.

Intanto informati sulle aziende della tua zona, sulle associazioni presenti nel tuo territorio e verifica l'esistenza di protocolli. Su internet puoi trovare molte informazioni sui siti delle aziende e puoi trovare anche i protocolli d'intesa. Ad esempio, sul sito di Trenitalia viene spiegata la procedura di conciliazione e sono allegati i pdf dei protocolli.

La procedura di conciliazione

Importanti novità nella conciliazione

Dopo gli esiti positivi della fase sperimentale della procedura di conciliazione paritetica, Trenitalia S.p.A. e 13 Associazioni dei Consumatori hanno firmato il nuovo Protocollo d'Intesa che estende e semplifica la Conciliazione, con l'obbiettivo di facilitare la clientela e rendere più rapido ed efficace questo importante strumento per la risoluzione extragiudiziale delle controversie tra viaggiatori e Trenitalia.

Se un reclamo non ha avuto una risposta soddisfacente o non ha ricevuto alcuna risposta entro sessanta giorni dalla presentazione, è possibile accedere alla conciliazione per il tramite di una delle Associazioni dei Consumatori firmatarie del Protocollo.

Come funziona la conciliazione

La domanda di conciliazione deve essere inviata:

- entro sessanta giorni decorrenti dalla data di ricevimento della risposta al reclamo
- in caso di mancata risposta, entro sessanta giorni dalla scadenza del termine di sessanta giorni decorrenti dalla data di presentazione del reclamo
- compilando l'apposito modulo di richiesta da inoltrare (via fax, raccomandata AR o in via telematica):
  - tramite le Associazioni firmatarie
  - direttamente all'Ufficio Conciliazioni di Trenitalia-Piazza della Croce Rossa, 1 00161-Roma, al fax 06 44103490, oppure all'indirizzo email conciliazioni@trenitalia.it allegando il modulo firmato in formato PDF, TIF, JPG etc.

ATTENZIONE: **la casella di posta è dedicata unicamente al ricevimento dei moduli di conciliazione.**

Se non viene indicata l'Associazione che dovrà rappresentare il cliente nella conciliazione, Trenitalia provvederà ad assegnare la domanda ad una delle Associazioni dei Consumatori firmatarie del Protocollo in applicazione di un criterio turnario.

La Commissione di Conciliazione, composta da Conciliatori designati da Trenitalia e dalle Associazioni dei Consumatori, esaminerà la domanda tenendo conto degli impegni contrattuali, della normativa di settore e delle norme di tutela dei consumatori e, secondo principi di equità, valuterà la possibilità di formulare una proposta di conciliazione soddisfacente per le parti, che comunque verrà sottoposta al cliente per l'eventuale accettazione.

La procedura di conciliazione riguarderà reclami che soddisfano entrambi i seguenti requisiti:

Da consultare

- Domande frequenti sulla conciliazione (FAQ)
- Associazioni dei Consumatori firmatarie del documento di conciliazione

Da scaricare

- Modulo di domanda di conciliazione
- Protocollo d'Intesa
- Elenco dei treni ammessi alla conciliazione per viaggi effettuati fino al 12 giugno 2010
- Elenco dei treni ammessi alla conciliazione per viaggi effettuati dal 13 giugno 2010
- Elenco dei treni ammessi alla conciliazione per viaggi effettuati dal 13 dicembre 2010
- Elenco dei treni ammessi alla conciliazione per viaggi effettuati dal 12 giugno 2011

Anche sul sito dell'Enel trovi le informazioni sulla conciliazione.

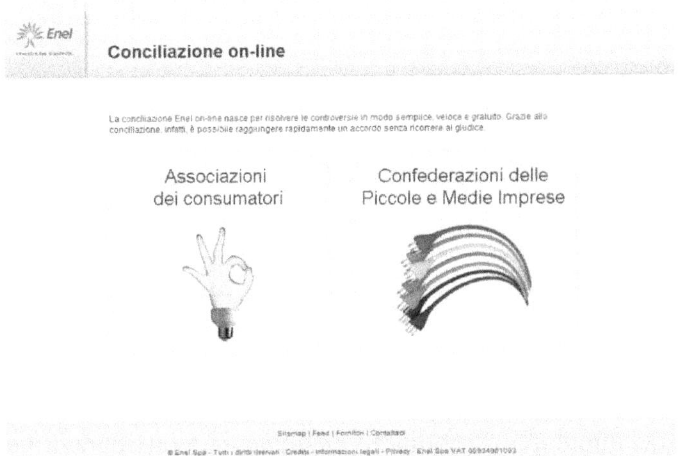

La cosa fondamentale da fare è informarsi!

Acquisisci più informazioni possibili, preparati bene per crearti le tue job opportunities! E non dimenticarti che il mediatore è un lavoro speciale in cui puoi riuscire ad esprimere te stesso e le tue passioni! Ami il calcio? Lo sapevi che esistono i **mediatori sportivi**?

Oltre al lavoro di gestione e risoluzione pacifica dei conflitti, il mediatore sportivo mira nello specifico anche a un miglioramento della comunicazione e all'implementazione e al consolidamento del senso di gruppo, aspetti di fondamentale importanza in un ambito di aggregazione quale è il mondo dello sport. Ad esempio, l'Inter Sport Club ha un'esperienza decennale nel settore della mediazione sportiva.

SEGRETO n. 16: gli sbocchi lavorativi per un professionista della risoluzione delle controversie sono tanti, interessanti e innovativi, a volte anche sperimentali.

Ma se hai scelto questa strada già lo sai che è un lavoro tutto da inventare e sperimentare! Prendiamo insieme in considerazione un'ultima alternativa: ti interessa fare il corso da mediatore ma non credi che diventerà il tuo lavoro.

Ti stai chiedendo: **quali vantaggi ho nel fare un corso per diventare mediatore civile se poi non farò il mediatore civile?** Perché un professionista dovrebbe fare un corso da mediatore civile? Intanto, non sottovalutare l'importanza di questa sfida professionale. Tutti i professionisti – avvocati, commercialisti, geometri – che forniscono consulenza alle parti dovrebbero affrontare la sfida della mediazione con la necessaria competenza

al fine di **dare ai propri clienti un apporto professionale al quale non potranno rinunciare**.
L'approccio del professionista consulente in mediazione è necessariamente diverso da quello tradizionale. Infatti, mentre in un contesto in cui le parti litigano il consulente ha un approccio competitivo, in mediazione questo non può avvenire per non pregiudicare il buon esito della stessa.

SEGRETO n. 17: un professionista che conosce la mediazione, le sue tecniche, i suoi approcci è di maggiore aiuto al proprio cliente.

In mediazione il professionista che assiste la parte deve metterle a disposizione una serie di competenze che possiamo definire "trasversali", quali, ad esempio, l'assistenza nel gestire la comunicazione con la controparte, nel gestire la propria emotività, nell'elaborare e valutare le alternative di soluzione della vertenza. Facciamo anche un piccolo passo indietro. Il cliente viene nel tuo studio sottoponendoti il proprio problema. Con le competenze che avrai acquisito durante il corso di mediatore, potrai dargli una valida assistenza preventiva. Intanto, puoi efficacemente valutare se la **possibilità di ricorrere al procedimento di mediazione** sia la strada migliore per il tuo cliente. Potresti trovare utile proporre al tuo cliente l'inserimento di una clausola di mediazione nel contratto che sta per sottoscrivere, in modo tale da tutelarsi in caso di insorgere di controversie.

Prova a vagliare con il tuo cliente i seguenti aspetti per scegliere la strategia migliore da seguire:

- Quanto sono importanti i rapporti commerciali o le relazioni fra le parti? e in una prospettiva futura?
- Quanto è importante una soluzione veloce ed economicamente conveniente?
- Quali sono le risorse economiche a disposizione? i costi per una causa rispetto a quanto si potrebbe realisticamente recuperare sono elevati o comunque contenuti?
- La soluzione che la parte vuole trovare è solo economica o ci sono altri aspetti e interessi? è solo una questione di principio?
- L'intervento di un terzo imparziale potrebbe aiutare a rivedere le posizioni di principio e/o a ripristinare la comunicazione tra le parti?
- Quali sono le probabilità di vittoria di un processo? esiste

giurisprudenza?

- Quanto è importante la riservatezza della vertenza?

Oltre a quest'assistenza che abbiamo definito "preventiva", il professionista che conosce la mediazione può fornire al proprio cliente un valido sostegno nella **scelta dell'organismo cui rivolgersi**. E, ancora, può aiutare la parte nella **redazione della domanda di mediazione** che, sebbene non assimilabile a un atto introduttivo di un giudizio, necessita sicuramente di una buona preparazione.

Il professionista, inoltre, può **accompagnare la parte all'incontro** di mediazione. La legge non prevede l'assistenza obbligatoria in mediazione, tuttavia, la parte non rinuncerà ad essere accompagnata dal suo professionista di fiducia! Se sei mediatore conosci i meccanismi della mediazione e sicuramente il tuo cliente ne rimarrà soddisfatto. **Un cliente soddisfatto torna da te e ne parla con gli altri!**

- ✓ Hai selezionato gli organismi a cui vorresti iscriverti?
- ✓ Hai preparato un curriculum mirato?
- ✓ Hai letto attentamente la modulistica per fare domanda?
- ✓ Hai telefonato all'organismo per sapere se c'è posto nelle loro liste? Hanno una lista d'attesa? Come preferiscono ricevere la tua candidatura?
- ✓ Hai verificato se la Camera di Commercio della tua provincia sta selezionando mediatori?
- ✓ Hai rispolverato i tuoi contatti con le associazioni dei consumatori della tua zona per proporti come mediatore?
- ✓ Hai fatto fare la targhetta di "mediatore civile" da appendere fuori dal tuo studio?

RIEPILOGO DEL CAPITOLO 4:

- SEGRETO n. 14: l'organismo non ha alcun obbligo di accogliere in automatico la tua richiesta di iscriverti nelle sue liste, ma fa una sua valutazione.
- SEGRETO n. 15: la modulistica per iscriverti nelle liste di un organismo è standard e stabilita dal Ministero della Giustizia.
- SEGRETO n. 16: gli sbocchi lavorativi per un professionista della risoluzione delle controversie sono tanti, interessanti e innovativi, a volte sperimentali.
- SEGRETO n. 17: un professionista che conosce la mediazione, le sue tecniche, i suoi approcci è di maggiore aiuto al proprio cliente.

CAPITOLO 5:

Come crearsi una reputazione da mediatore

Abbiamo detto che il mediatore è un professionista. Abbiamo visto come si diventa mediatore e come migliorarsi. Abbiamo analizzato quali sono le prospettive di lavoro. Vediamo ora come promuovere te stesso e la tua nuova professione. Tieni presente che la legge prevede che le parti possano scegliere il mediatore cui affidare il proprio caso.

Come puoi far sì che le parti scelgano proprio te?

Conoscere tante persone e avere un nome non basta. Farsi strada nel mondo delle alternative dispute resolution non è cosa semplice. Come impostare una **campagna promozionale** su te stesso per crearti una buona reputazione come mediatore? Datti un po' di tempo e cerca di fare un po' di esperienza prima di definire per quali aspetti dell'attività di mediazione vuoi essere conosciuto.

Gli organismi di mediazione, le parti che vengono in mediazione, gli avvocati che consigliano la mediazione cercano specialisti. Rifletti: se hai un problema con una banca vorresti un mediatore specializzato nell'ambito bancario o uno specializzato in responsabilità medica? Non aggiungo altro.

Prova di questa tendenza è anche il fatto che numerosi organismi inseriscono nelle proprie liste di mediatori professionisti che hanno qualifiche ed esperienze in vari settori, non solo in materie giuridiche. Altri organismi privilegiano la **co-mediazione**, ovvero la mediazione condotta da due mediatori specializzati in due settori differenti a seconda della materia oggetto della mediazione.

SEGRETO n. 18: la prima cosa da fare per crearsi una reputazione è specializzarsi o in una materia specifica o adottando una tecnica di mediazione particolare.

Potete scegliere, ad esempio, una delle materie obbligatorie di mediazione. Prova a valutare aree sì di tuo interesse, ma in cui non vi sia molta concorrenza e che richiedano maggiori competenze. Frequenta, ad esempio, corsi di specializzazione nella materia che ti piace, vai a seminari, arricchisci il tuo curriculum di queste esperienze specifiche. Puoi anche pensare, ad esempio, se vuoi specializzarti nella materia condominiale, di frequentare un corso per diventare amministratore di condominio. E mentre ti specializzi, sfrutta i contatti che man mano hai per **creare il tuo brand da mediatore**.

SEGRETO n. 19: creare e gestire un brand professionale è un elemento che ogni professionista, dunque anche il mediatore, deve considerare fondamentale.

Molte persone pensano che il personal branding sia solo per celebrità come Paris Hilton o George Clooney, eppure ognuno di noi è un marchio. Per definizione, «personal branding is the process by which we market ourselves to others» («il personal branding è il processo attraverso il quale vendiamo noi stessi agli altri»). La nascita di tecnologie sociali ha reso il marchio non solo più personale, ma a portata di mano.

Il primo passo che devi fare è **scoprire il tuo brand**.
Prova a riflettere su queste domande: cosa vuoi fare? per cosa vuoi essere riconosciuto? la tua neutralità, la tua creatività, le tue doti di problem solving? gli altri come ti vedono? È una ricerca che richiede un po' di tempo, non avere fretta, coinvolgi anche i tuoi amici e fai delle domande del tipo: come mi descriveresti in due aggettivi? Una volta che hai trovato il tuo brand **crea il tuo marchio**, il tuo slogan, il tuo logo. Cosa ti rappresenta?

Io, per esempio, ho scelto: **mediazione tra pari** e questo logo:

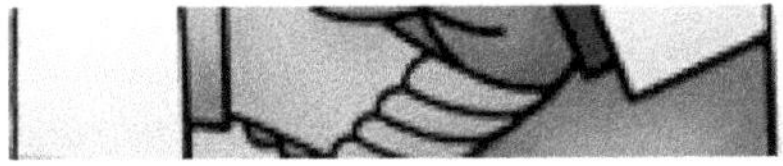

Sono due mani che si stringono, nulla di speciale, anzi apparentemente banale, ma è il simbolo, i colori che mi rappresentano.

Ho utilizzato questo logo per tutto: il blog, i biglietti da visita, l'applicazione per iPhone, adattandolo. Questa è l'immagine dell'applicazione:

Questo il blog:

All'ultimo evento cui ho partecipato ho consegnato un mio biglietto da visita e, prima di leggere il mio nome, la mia interlocutrice mi ha detto: «Ah! Lo conosco questo sito, è molto bello» riconoscendo il logo… «Ma sei davvero tu?! È vero! Avrei dovuto capirlo da quello che mi hai detto!».

Ecco l'importanza del logo: ho passato cinque minuti a parlare con lei spiegando quello che facevo, le ho dato in mano il mio biglietto, ha visto il logo e in cinque secondi ha identificato chi ero. Alla fine della conversazione, l'interlocutrice mi ha detto: «sei proprio come appari dal blog, da quello che scrivi, sei proprio tu!».

SEGRETO n. 20: crea il tuo marchio e prepara il tuo media kit per pubblicizzare la tua professionalità in ogni occasione che ti si presenterà.

Come utilizzare il proprio marchio? Usatelo per tutto:

- biglietti da visita;
- carta da lettera;
- firma nelle email;
- blog/sito internet;
- profilo di Linkedin;
- pagina di facebook;
- profilo di twitter;
- indirizzo email.

Questo, ad esempio, è il mio biglietto da visita:

Amo la mediazione e adoro la tecnologia, così ho pensato di mettere insieme queste due caratteristiche che mi contraddistinguono creando un biglietto da visita che rievocasse lo schermo del mio iPhone!

Dunque spazio alla creatività: non dire che non ne hai perché sei un mediatore e la creatività è una delle tue qualità! Vuoi qualche idea in più? Sei specializzato nella materia condominiale? Fai un biglietto che richiami l'immagine di una casa o di un mazzo di chiavi!

Sei specializzato nella materia bancaria? Stampa il tuo biglietto su una carta rigida e lucida con le dimensioni di una carta di credito! Sei specializzato nella materia sanitaria? Stampa il tuo logo su una scatola di aspirine e scrivi un bugiardino per spiegare cos'è la mediazione in materia sanitaria e quali sono i suoi vantaggi!

Sei un tipo puntuale? Pensa a inserire il tuo logo in un orologio e a uno slogan come: «Non è mai troppo tardi per mediare!». Ti piace la moda? Io ho scritto un articolo utilizzando l'immagine di una modella con un grosso cappello azzurro dal titolo: «La mediazione è un fenomeno di moda?», puoi pensare a un immagine del genere con lo slogan: «Mediare non passa mai di moda!» Il segreto per essere vincente: usa qualcosa per cui hai passione!

SEGRETO n. 21: Una volta che hai creato il tuo brand e il tuo media kit è pronto, è giunto il momento di mostrarlo al mondo e fare networking!

Comincia a **partecipare agli eventi**: alle conferenze, meeting, workshop, fatti conoscere e fai in modo che il tuo viso sia ricordato e collegato alla mediazione. **Scrivi articoli per il web**. Molti siti offrono la possibilità di inviare articoli: puoi scrivere dando dei feedback dei casi di mediazione che hai gestito. Che caratteristiche avevano, che tecniche di mediazione hai deciso di utilizzare e perché, il tutto ovviamente rispettando la riservatezza e la privacy.

La cosa fondamentale, quando scrivi, è quella di dare informazioni utili. Non solo: ricorda di scrivere utilizzando il linguaggio di chi vuoi che legga i tuoi articoli. Ad esempio, io ho deciso di rivolgermi a tutti, voglio far entrare la mediazione nelle case di tutti. Dunque, nel mio blog non troverai mai articoli con un linguaggio giuridico che solo un avvocato può comprendere. Se, invece, vuoi essere riconosciuto come un “tecnico”, uno specialista, allora è bene adattare il tuo linguaggio alla nicchia cui vuoi rivolgerti.

Usare anche i **social network** può dare i suoi frutti. Comincia con il creare un buon profilo con i dettagli delle tue esperienze in mediazione, partecipa a forum di settore o iscriviti ai gruppi specializzati in argomenti inerenti la tua attività. Non solo gruppi di mediatori, ma come già detto, gruppi di amministratori di condominio, di medici, di assicuratori ecc. Puoi sfruttare i social network non solo per farti conoscere, ma anche per acquisire informazioni. Dunque, anche per decidere se diventare mediatore può essere utile utilizzare facebook, Linkedin, twitter.

- Su **facebook** puoi diventare fan di alcune pagine dedicate alla mediazione, come ad esempio, mediazionetrapari, I love mediazione civile, o di pagine di organismi di mediazione.

- Su **Linkedin** puoi entrare a far parte di gruppi, come ad esempio:
    - ADR Italia
    - ADR Conflictresolution
    - Conciliazione & Creatività
    - Mediators for the Advance
    - Professionisti nella mediazione
    - mediazioneconciliazione.com

Ce ne sono tanti, questo è solo un piccolissimo elenco.

Anche su **twitter** l'argomento mediazione è molto trattato.
Chi si occupa di mediazione è presente in tutti e tre i maggiori social network per cui ti consiglio di utilizzarli tutti, sia in una prima fase per informarti, sia successivamente per promuoverti.

Oltre a sfruttare il web, puoi **proporti come relatore ai convegni di settore.** Man mano che il tuo curriculum si arricchisce di esperienza, puoi presentarti come esperto del settore e proporre di fare da relatore. **Puoi anche trovare un mentore**. Perché no! Magari un mediatore già esperto oppure un avvocato o un primario di un reparto ospedaliero: qualcuno che ti possa presentare e introdurre nell'ambiente in cui desideri essere riconosciuto.

SEGRETO n. 22: la cosa più importante è essere visibili nella promozione di una cultura della mediazione.

Proponi programmi di diffusione della cultura della mediazione, presso il tribunale che frequenti, presso il tuo Comune, le associazioni culturali del tuo territorio. Organizza una serata a tema, magari coinvolgendo amici nel fare una simulazione di un incontro di mediazione.

Ti ho dato tanti spunti: **ora tocca a te!**

Crea e alimenta la tua credibilità professionale di mediatore!

- ✓ Hai pensato a come ti piacerebbe essere ricordato come mediatore?
- ✓ Quali sono i tuoi punti di forza?
- ✓ Hai trovato un'immagine, uno slogan che ti rappresenta?
- ✓ Hai un tipografo di fiducia che ti può fare un buon prezzo per il tuo media kit?
- ✓ Hai creato un tuo profilo professionale anche per i social network?

RIEPILOGO DEL CAPITOLO 5:

- SEGRETO n. 18: la prima cosa da fare per crearsi una reputazione è specializzarsi o in una materia specifica o adottando una tecnica di mediazione particolare.
- SEGRETO n. 19: creare e gestire un brand professionale è un elemento che ogni professionista, dunque anche il mediatore, deve considerare fondamentale.
- SEGRETO n. 20: crea il tuo marchio e prepara il tuo media kit per pubblicizzare la tua professionalità in ogni occasione che ti si presenterà.
- SEGRETO n. 21: una volta che hai creato il tuo brand e il tuo media kit è pronto, è giunto il momento di mostrarlo al mondo e fare networking!
- SEGRETO n. 22: la cosa più importante è essere visibili nella promozione di una cultura della mediazione.

Conclusione

Essere o non essere mediatore?

Se puoi depennare questo dilemma dalla tua mente, questo ebook ha raggiunto il suo scopo e tu sei sulla strada giusta per raggiungere i tuoi obiettivi!

Rivediamo le tappe del percorso che abbiamo fatto insieme: abbiamo visto come capire se quella del mediatore è una professione che ti può interessare, abbiamo analizzato come scegliere il corso iniziale e come impostare la tua crescita professionale, abbiamo ragionato sulle reali opportunità di lavoro e su come diventare un mediatore di successo. **Adesso tocca a te!** Ti ho dato gli strumenti per riflettere e decidere se e come intraprendere la professione di mediatore, ora spetta a te impegnarti e metterli in pratica.

A questo punto, la tua scelta, sia di diventare mediatore sia di non diventarlo, **non sarà certamente una scelta fatta per caso!**

Mi devo quindi complimentare con te perché, qualunque essa sia, sarà una **scelta di successo!**

www.ingramcontent.com/pod-product-compliance
Ingram Content Group UK Ltd.
Pitfield, Milton Keynes, MK11 3LW, UK
UKHW022014190726
13853UKWH00005B/1932